Jan Achnitz

ZUKUNFT BILDEN – STRATEGISCH ENTWICKELN

Wie du Personalentwicklung für Auszubildende auf das nächste Level bringst

Autor: Jan Achnitz

Ehem. Ausbildungsleiter aus der Industrie, Industriekaufmann (IHK), Bachelor Personalmanagement (HFH), Ausbilder (IHK), Train the Trainer (IHK), Business Coach (IHK), Zertifizierter Coach für psychische Gesundheit und Moderator

Eine wissenschaftliche Arbeit mit Praxisleitfaden für Ausbildungsverantwortliche

ZUKUNFT BILDEN – STRATEGISCH ENTWICKELN

Jan Achnitz

Bibliografische Information der Deutschen Nationalbibliothek: Die Deutsche Nationalbibliothek verzeichnet diese Publikation in der Deutschen Nationalbibliografie; detaillierte bibliografische Daten sind im Internet über http://dnb.dnb.de abrufbar.

Bildungsreif UG
Moischter Straße 48
35043 Marburg

Verlag: BoD · Books on Demand GmbH, Überseering 33, 22297 Hamburg, bod@bod.de

Druck: Libri Plureos GmbH, Friedensallee 273, 22763 Hamburg

ISBN: 978-3-8192-4650-0

Das erwartet dich:

Vorwort

„Ich erinnere mich noch gut an einen jungen Mann, der in der ersten Woche fragte: „Muss ich hier eigentlich auch reden, oder reicht Zuhören?" Heute ist er Teamleiter im Produktionsbereich. Solche Geschichten sind der Grund, warum ich diese Arbeit liebe".

Die berufliche Ausbildung junger Menschen ist weit mehr als nur ein Pflichtprogramm innerhalb des Personalwesens. Sie ist eine Investition in die Zukunft eines Unternehmens. In einer Zeit, in der der Fachkräftemangel und der demografische Wandel die Arbeitswelt prägen, gewinnt die strategische Entwicklung von Auszubildenden zunehmend an Bedeutung. Doch wie gelingt es aus jungen Talenten engagierte Fachkräfte zu machen, die sich mit ihrem Unternehmen identifizieren und es langfristig mitgestalten wollen?

Diese Frage stand am Anfang der vorliegenden Arbeit – und sie hat zu einer intensiven Auseinandersetzung mit Theorie und Praxis der strategischen Personalentwicklung geführt. Im Mittelpunkt stehen dabei nicht nur bewährte Instrumente und Konzepte, sondern auch die Perspektiven der Auszubildenden selbst, deren Erfahrungen und Bedürfnisse in einer eigens durchgeführten Umfrage sichtbar gemacht wurden.

Mit dieser Arbeit verfolge ich das Ziel, Handlungsmöglichkeiten aufzuzeigen, die Unternehmen dabei unterstützen, ihre Ausbildungsprozesse ganzheitlich weiterzuentwickeln – praxisnah, zukunftsorientiert und mit einem klaren Fokus auf Qualität und Wirksamkeit. Dabei liegt mir besonders am Herzen, das Potenzial junger Menschen nicht nur zu erkennen, sondern gezielt zu fördern und weiterzuentwickeln. Denn Auszubildende sind nicht nur „Fachkräfte von morgen", sie sind bereits heute ein zentraler Teil der Arbeitswelt von morgen.

Ich wünsche allen Leserinnen und Lesern eine inspirierende Lektüre und hoffe, dass diese Arbeit wertvolle Impulse für die Weiterentwicklung der Ausbildungslandschaft geben kann.
Aus Leidenschaft für die Bildung.

Viel Spaß beim Lesen,

herzlichst
Jan

Über mich

Als das Thema Eigenverantwortung im Ausbildungsgespräch aufkam, erklärte ich ruhig: „Am Ende bist du für deinen eigenen Erfolg verantwortlich." Die Antwort kam prompt und mit einem Schmunzeln: „Und wer ist dann für den Kaffee zuständig?" Ein kurzer Moment mit großem Lerneffekt. Für uns beide.

Ich bin im Handwerk geboren, in der Industrie aufgewachsen und habe meine Leidenschaft in der Aus- und Weiterbildung gefunden. Seit über acht Jahren begleite ich junge Menschen und Fachkräfte in der pharmazeutischen Industrie auf ihrem Weg in die berufliche Zukunft – über 180 Auszubildende durfte ich bisher unterstützen. Mit einer durchschnittlichen Übernahmequote von 95 Prozent und mehr als 30 Auszeichnungen zählt das von mir mitgestaltete Ausbildungsprogramm heute zu den erfolgreichsten in Hessen.

Als Speaker auf Fachveranstaltungen, Impulsgeber für den Ausbildungsradar Marburg und Dozent bei der Handwerkskammer für den Ausbilderschein bin ich stets im Austausch mit Menschen, die Bildung bewegen wollen. Ich selbst bin gelernter Industriekaufmann und habe mich nebenberuflich zum Ausbilder (IHK), Train the Trainer (IHK), Business Coach (IHK), Coach für psychische Gesundheit, Moderator, sowie zum Bachelor in Personalmanagement weitergebildet, weil ich daran glaube, dass Lernen nie aufhört.

Mit meinem Unternehmen *Bildungsreif* helfe ich dabei, die wirklich wichtigen Skills zu lehren und zu lernen – praxisnah, menschlich und zukunftsorientiert. Mein Ziel ist es, Unternehmen dabei zu unterstützen, starke Aus- und Weiterbildungsprogramme aufzubauen, die nicht nur verwalten oder Wissen vermitteln, sondern Menschen entwickeln.

Ich bin überzeugt: Wenn wir in junge Talente investieren,
gestalten wir nicht nur Karrieren, sondern wir gestalten Zukunft!

Kapitel 1: Einleitung in das Thema

„Ein Unternehmen ohne Nachwuchs ist wie ein Bus ohne Motor – schön anzusehen, aber bewegt sich nicht.“

(Ausbilderweisheit)

Die Qualität und Zukunftsfähigkeit eines Unternehmens hängen maßgeblich von den Menschen ab, die darin arbeiten – insbesondere vom Nachwuchs. In Zeiten des demografischen Wandels, des wachsenden Fachkräftemangels und sich rasant verändernder Arbeitswelten rückt ein Aspekt besonders in den Fokus: die gezielte und strategisch durchdachte Personalentwicklung von Auszubildenden. Wer heute junge Talente nicht nur gewinnt, sondern aktiv entwickelt und langfristig bindet, sichert sich Wettbewerbsvorteile von morgen.

Doch wie gelingt es, Auszubildende nicht nur auszubilden, sondern sie als engagierte und kompetente Fachkräfte von morgen nachhaltig zu fördern? Welche Instrumente und Maßnahmen sind dafür geeignet? Und wie lassen sich Strategien in der Praxis wirkungsvoll umsetzen?

Diesen Fragen widmet sich die vorliegende Arbeit. Sie beleuchtet zunächst die theoretischen Grundlagen der strategischen Personalentwicklung sowie der betrieblichen Ausbildung. Darauf aufbauend werden praxisnahe Instrumente und Maßnahmen zur Förderung von Auszubildenden vorgestellt und hinsichtlich ihrer Wirksamkeit und Herausforderungen reflektiert. Ergänzt durch eine empirische fiktive Umfrage liefert die Arbeit wertvolle Einblicke in den Status quo und zeigt Potenziale zur Weiterentwicklung auf. Ziel ist es, konkrete Handlungsempfehlungen für Unternehmen und Ausbildungsverantwortliche zu formulieren – für eine Ausbildung, die mehr ist als Pflicht: nämlich strategische Zukunftssicherung.

Diese Arbeit ist nicht im luftleeren Raum entstanden. Sie ist während der Praxis entstanden und wurde aktualisiert. Sie ist das Ergebnis von über fünf Jahren Ausbildungsleitung in einem der erfolgreichsten Ausbildungsprogrammen Hessens. Aus Gesprächen mit mehr als 180 Auszubildenden, aus Konflikten, die Mut erforderten und aus Erfolgen, die gefeiert wurden – nicht mit Zertifikaten, sondern mit echten Entwicklungsschritten.

Problemstellung und Zielsetzung

Die Arbeitswelt befindet sich im Wandel – geprägt von Fachkräftemangel, demografischer Veränderung und einem zunehmenden Wettbewerb um qualifizierte Talente. Für Unternehmen bedeutet das: Wer auch künftig leistungsfähig und erfolgreich sein will, muss frühzeitig in den eigenen Nachwuchs investieren. Die Ausbildung junger Menschen ist dabei weit mehr als nur eine formale Pflicht – sie ist ein strategisches Instrument zur Zukunftssicherung.

Eine besondere Rolle kommt der strategischen Personalentwicklung von Auszubildenden zu. Denn wer es schafft, junge Talente nicht nur fachlich auszubilden, sondern sie individuell zu fördern und an das Unternehmen zu binden, schafft sich nachhaltige Wettbewerbsvorteile. Doch wie lässt sich dieser Anspruch in der Praxis umsetzen? Wie kann eine strategische Personalentwicklung aussehen, die sowohl den Bedürfnissen der Auszubildenden als auch den Zielen des Unternehmens gerecht wird?

Ziel dieser Arbeit ist es, die Relevanz und Wirksamkeit strategischer Personalentwicklungsmaßnahmen für Auszubildende zu beleuchten und daraus praxisnahe Handlungsempfehlungen für Unternehmen und Ausbildungsverantwortliche abzuleiten.

Forschungsfragen

Um dieses Ziel zu erreichen, stehen folgende zentrale Fragen im Mittelpunkt der Untersuchung:

• Welche Instrumente und Maßnahmen eignen sich besonders zur gezielten Förderung von Auszubildenden?

• Welche Erfolgsfaktoren und Herausforderungen sind bei der Umsetzung solcher Maßnahmen zu berücksichtigen?

• Wie lässt sich der Erfolg von Personalentwicklungsstrategien im Ausbildungsbereich konkret messen und bewerten?

Zur Beantwortung dieser Fragen werden sowohl theoretische Grundlagen als auch praxisorientierte Beispiele aus einem fiktiven Industriebetrieb herangezogen. Die Verbindung von wissenschaftlichem Fundament und betrieblicher Realität soll ein ganzheitliches Bild ermöglichen und praktikable Lösungen aufzeigen.

Ein besonderer Fokus liegt auf den Anforderungen an moderne Ausbildungskonzepte, auf wirksamen Instrumenten der Förderung sowie auf der Rolle von Führung und Unternehmenskultur als zentrale Gelingensbedingungen für nachhaltige Personalentwicklung.

Methodisches Vorgehen

Die Bearbeitung der Forschungsfragen erfolgt mittels eines kombinierten methodischen Ansatzes: Zunächst werden im Rahmen einer umfassenden Literaturrecherche grundlegende theoretische Konzepte, Modelle und Erfolgsfaktoren der strategischen Personalentwicklung analysiert. Dabei werden sowohl psychologische als auch pädagogische und betriebswirtschaftliche Perspektiven berücksichtigt.

Darauf aufbauend erfolgt eine empirische Erhebung in Form einer anonymen fiktiven Umfrage unter Auszubildenden eines Industriebetriebs. Ziel dieser Befragung ist es, den Status quo der bestehenden Personalentwicklungsmaßnahmen zu erfassen, Verbesserungspotenziale zu identifizieren und konkrete Bedarfe aus Sicht der Auszubildenden sichtbar zu machen. Die Ergebnisse werden ausgewertet, interpretiert und fließen direkt in die Entwicklung praxisnaher Empfehlungen ein.

Kapitel 2: Theoretische Grundlagen der strategischen Personalentwicklung und der Ausbildung

„Theorie ist, wenn man alles weiß, aber nichts funktioniert. Praxis ist, wenn alles funktioniert, aber keiner weiß warum. In der Ausbildung verbinden wir beides – hoffentlich!"

„Als ich zum ersten Mal Verantwortung für 100 Auszubildende übernahm, war mir klar: Fachwissen reicht nicht. Es braucht Strategie und ganz viel Leidenschaft."

Eine erfolgreiche Umsetzung der strategischen Personalentwicklung und Ausbildung erfordert ein fundiertes Verständnis der zugrunde liegenden theoretischen Konzepte und Modelle. In diesem Abschnitt werden die wesentlichen theoretischen Grundlagen der strategischen Personalentwicklung und der betrieblichen Ausbildung dargestellt und erläutert.

2.1 Definition und Bedeutung der strategischen Personalentwicklung

Die strategische Personalentwicklung (SPE) ist ein zentraler Bestandteil des Personalmanagements und hat in den letzten Jahren aufgrund der zunehmenden Bedeutung von Wissen und Kompetenzen im Arbeitsumfeld an Relevanz gewonnen (vgl. Beinicke/Bipp, 2022, S. 4). Sie umfasst einen langfristig ausgerichteten und systematischen Prozess, der darauf abzielt, die Fähigkeiten, Kenntnisse und Kompetenzen der Mitarbeitenden gezielt zu fördern und weiterzuentwickeln (vgl. Wegerich, 2015, S. 7).

Eine präzise Definition der strategischen Personalentwicklung existiert nicht. Allgemein versteht man darunter die Planung und Umsetzung von Maßnahmen zur Entwicklung von Kompetenzen und Fähigkeiten der Mitarbeitenden in Abstimmung mit den Unternehmenszielen und Strategien (vgl. Wegerich, 2015, S. 7). Dabei geht es nicht nur um die Förderung individueller Fähigkeiten, sondern auch um eine gezielte Ausrichtung auf die Ziele und Anforderungen des Unternehmens.

Eine erfolgreiche strategische Personalentwicklung kann dazu beitragen, die Mitarbeiterzufriedenheit und -bindung zu erhöhen, die Leistungsfähigkeit der Mitarbeitenden zu steigern und somit die Wettbewerbsfähigkeit des Unternehmens zu stärken (vgl. Beinicke/Bipp, 2022, S. 4). Darüber hinaus kann sie den Personalbedarf des Unternehmens langfristig sichern, indem sie die Entwicklung der Mitarbeitenden gezielt auf zukünftige Anforderungen und Bedarfe ausrichtet (vgl. Wegerich, 2015, S. 7).

Allerdings sind bei der Umsetzung einer erfolgreichen SPE auch Herausforderungen zu berücksichtigen, wie die Identifikation geeigneter Maßnahmen und die Evaluation der Wirksamkeit von Personalentwicklungsmaßnahmen (vgl. Hoffmann, 2018, S. 1ff).

Insgesamt ist die strategische Personalentwicklung für Unternehmen von großer Bedeutung, um ihre Wettbewerbsfähigkeit und Zukunftsfähigkeit zu sichern und zu steigern. Eine enge Verknüpfung mit der Unternehmensstrategie sowie eine sorgfältige Planung und Umsetzung von Maßnahmen sind dabei unerlässlich (vgl. Hoffmann, 2018, S. 57).

2.2 Funktion und Ziele der Ausbildung im Unternehmen

Die betriebliche Ausbildung ist ein zentraler Bestandteil der Personalentwicklung in Unternehmen. Sie erfüllt verschiedene Funktionen und Ziele, die dazu beitragen, die Fachkräfte von morgen auszubilden und die langfristige Wettbewerbsfähigkeit des Unternehmens zu sichern (vgl. Bosch, 2018, S. 2).

Eine der Hauptfunktionen der Ausbildung ist die Vermittlung von fachlichen und beruflichen Kompetenzen. Dabei erwerben Auszubildende die notwendigen Fertigkeiten, Kenntnisse und Fähigkeiten, um ihren Beruf erfolgreich ausüben zu können (vgl. Schank, 2011, S. 22). Die Ausbildung dient somit dazu, die Auszubildenden für den Arbeitsmarkt zu qualifizieren und ihnen die erforderlichen Kenntnisse und Fertigkeiten zu vermitteln.

Eine weitere Funktion der Ausbildung ist die Übernahme sozialer Verantwortung durch Unternehmen. Unternehmen leisten einen Beitrag zur sozialen Integration junger Menschen, indem sie ihnen eine berufliche Perspektive bieten. Durch die Ausbildung können Unternehmen dazu beitragen, dass junge Menschen eine Perspektive im Arbeitsleben erhalten und somit ihre gesellschaftliche Teilhabe sichern (vgl. Bertelsmann Stiftung, 2015, S. 15f).

Zu den Zielen der Ausbildung gehört auch die Sicherung des Fachkräftebedarfs im Unternehmen. Durch die Ausbildung können Unternehmen gezielt ihren Fachkräftebedarf decken und sich so langfristig eine qualifizierte Arbeitskraftreserve aufbauen. Gleichzeitig kann die Ausbildung dazu beitragen, die

Mitarbeiterbindung zu stärken und die Fluktuation zu reduzieren.

Ein weiteres Ziel der Ausbildung ist die Förderung der Identifikation der Auszubildenden mit dem Unternehmen. Durch eine gezielte Ausbildung können Unternehmen erreichen, dass sich die Auszubildenden mit dem Unternehmen identifizieren und eine langfristige Bindung aufbauen (vgl. Schumann, 2016, S. 13). Dies kann dazu führen, dass die Auszubildenden auch nach ihrer Ausbildung dem Unternehmen treu bleiben und als qualifizierte Fachkräfte gewonnen werden.

Zusammenfassend erfüllt die Ausbildung im Unternehmen verschiedene Funktionen und Ziele. Die Vermittlung von fachlichen und beruflichen Kompetenzen sowie die Übernahme sozialer Verantwortung gehören zu den wichtigsten Funktionen. Die Sicherung des Fachkräftebedarfs, die Förderung der Identifikation mit dem Unternehmen und die Mitarbeiterbindung zählen zu den zentralen Zielen der Ausbildung.

2.3 Nutzen der strategischen Personalentwicklung von Auszubildenden

Der Nutzen der strategischen Personalentwicklung von Auszubildenden zeigt sich auf verschiedenen Ebenen. Zum einen profitiert das Unternehmen von der besseren Qualifikation und Leistungsfähigkeit der Auszubildenden, was sich langfristig positiv auf die Wettbewerbsfähigkeit und den wirtschaftlichen Erfolg auswirken kann (vgl. Wichert, 2018, S. 30). Zum anderen trägt die Personalentwicklung zur Mitarbeiterbindung und

Motivation bei, da die Auszubildenden das Gefühl haben, dass das Unternehmen in ihre berufliche Zukunft investiert (vgl. Wichert, 2018, S. 122). Zudem können durch eine strategische Personalentwicklung von Auszubildenden langfristig Fach- und Führungskräfte im eigenen Unternehmen aufgebaut werden (vgl. Wichert, 2018, S. 122).

Ein weiterer Aspekt ist die Bewältigung des Fachkräftemangels. Durch die frühzeitige Bindung und Qualifikation von Auszubildenden kann das Unternehmen bereits heute den Bedarf an qualifizierten Fachkräften von morgen sichern. Außerdem kann die Personalentwicklung dazu beitragen, dass das Unternehmen als attraktiver Arbeitgeber wahrgenommen wird und sich dadurch im Wettbewerb um Talente gegenüber der Konkurrenz behaupten kann (vgl. Bechtel/Friedrich/Kerres, S. 152ff).

Insgesamt lässt sich also festhalten, dass die strategische Personalentwicklung von Auszubildenden einen wichtigen Beitrag zur langfristigen Sicherung des Unternehmenserfolgs leisten kann. Durch die bessere Qualifikation und Motivation der Auszubildenden sowie den Aufbau von langfristigen Fach- und Führungskräften kann das Unternehmen seine Wettbewerbsfähigkeit stärken und sich im Kampf um Talente durchsetzen.

Key-Learnings aus diesem Kapitel:

1. Strategische Personalentwicklung wirkt nur, wenn sie zur Unternehmensstrategie passt

- sie ist ein systematischer, langfristiger Prozess
- sie verfolgt zwei Ziele gleichzeitig: individuelle Entwicklung und betriebliche Wertschöpfung
- sie steigert Zufriedenheit, Motivation, Bindung und Leistungsfähigkeit
- sie ist ein Instrument gegen Fachkräftemangel – vorausgesetzt, sie wird strukturiert und mit Weitblick umgesetzt

2. Ausbildung ist ein strategisches Instrument – nicht nur ein Pflichtprogramm

Betriebliche Ausbildung erfüllt mehrere Funktionen gleichzeitig:

- Vermittlung beruflicher Handlungskompetenz
- Beitrag zur sozialen Verantwortung (gesellschaftliche Teilhabe junger Menschen)
- Deckung des Fachkräftebedarfs
- Stärkung der Identifikation und Bindung an das Unternehmen

Gute Ausbildung bedeutet, junge Talente nicht nur auszubilden, sondern zu integrieren, zu entwickeln und langfristig zu halten.

3. Gezielte Personalentwicklung von Auszubildenden bringt einen doppelten Return

- Unternehmen profitieren durch höhere Leistungsfähigkeit, geringere Fluktuation und schnellere Einsatzfähigkeit
- Auszubildende profitieren durch mehr Selbstwirksamkeit, Identifikation und Motivation

Wer früh in Auszubildende investiert, gewinnt nicht nur Mitarbeitende – sondern Mitgestaltende.

4. Strategische Personalentwicklung ist auch ein Wettbewerbsvorteil im Recruiting

- Unternehmen mit sichtbarer Entwicklungskultur gelten als attraktivere Arbeitgeber
- eine strategisch gedachte Ausbildung signalisiert: Hier wirst du gesehen. Hier wirst du gebraucht
- sie zahlt auf das Employer Branding ein – gerade bei der Generation Z ein nicht zu unterschätzender Faktor

Kapitel 3: Instrumente und Maßnahmen zur Förderung von Auszubildenden

„Ein gutes Tool ersetzt kein gutes Gespräch – aber es macht's manchmal leichter."

"Erfolg hat drei Buchstaben: TUN." (Johann Wolfgang von Goethe)

Eine effektive Förderung von Auszubildenden erfordert den Einsatz verschiedener Instrumente und Maßnahmen, die sowohl auf die individuellen Bedürfnisse der Auszubildenden als auch auf die Unternehmensziele abgestimmt sind. Im Folgenden werden zentrale Instrumente und Maßnahmen vorgestellt.

3.1. Anforderungsprofile und Einstellungstests

„Ich erinnere mich an einen Bewerber, der fachlich eher durchschnittlich war, aber eine starke Lösungsorientierung und Selbstreflektion aufzeigte. Heute ist er Industriefachwirt und arbeitet als Experte im Personalwesen. Es lohnt sich, über Noten hinauszuschauen.“

Eine erfolgreiche Ausbildung hängt von verschiedenen Faktoren ab. Eine wichtige Rolle spielen dabei die Anforderungsprofile und Einstellungstests bei der Auswahl von geeigneten Auszubildenden.

Bei der Erstellung von Anforderungsprofilen für Auszubildende werden sowohl fachliche als auch soziale Kompetenzen berücksichtigt. Fachliche Kompetenzen beziehen sich auf das Wissen und die Fähigkeiten, die für den jeweiligen Ausbildungsberuf notwendig sind. Soziale Kompetenzen hingegen umfassen persönliche Eigenschaften und Fähigkeiten wie Teamfähigkeit, Empathie und Kommunikationsfähigkeit. Eine sorgfältige Analyse der Anforderungen des jeweiligen Ausbildungsberufs und der Anforderungen des Unternehmens ist daher unerlässlich (vgl. Wilk, 2022, S. 7579).

Einstellungstests können dabei helfen, die fachlichen und sozialen Kompetenzen der Bewerberinnen und Bewerber zu überprüfen (vgl. Brenner, 2009, S. 9ff). Das Ziel von Einstellungstests ist es ein klares Bewerberbild zu erhalten, um sicher zu stellen, dass Bewerbende die Anforderungen erfüllen (vgl. D. Brenner/F. Brenner, 2005, S. 12). Ein bekanntes Instrument zur Messung von kognitiven Fähigkeiten, ist der Intelligenztest. Die Validität von Intelligenztests als Prädiktoren für den langfristigen Berufserfolg in der Ausbildung sind gut belegt. Es gibt jedoch auch Kritik an der Verwendung von Intelligenztests, da sie oft als zu einseitig betrachtet werden und andere Faktoren wie Arbeitsproben und soziale Kompetenzen vernachlässigen (vgl. Gelleri/ Winter, 2010, S. 177f).

Um auch die sozialen Kompetenzen der Bewerbenden zu testen, werden häufig Persönlichkeitstests eingesetzt. Diese können dabei helfen, die Eignung von Bewerberinnen und Bewerbern für bestimmte Berufe oder Arbeitsumgebungen zu bestimmen (vgl. Pätzmann & Genrich, 2020, S. 2f). Der Einsatz von Persönlichkeitstests im berufsbezogenen Kontext wird von mehreren Studien als sinnhaft bezeichnet, lässt jedoch auch Raum für Kritik (vgl. Krause, 2017, S. 162). Hinzu kommt eine gewisse Dynamik in der Persönlichkeit, da gerade bei jungen Menschen die Persönlichkeit noch nicht vollständig ausgeprägt und daher wandelbar ist.

Um Nachteile zu vermeiden, ist es wichtig, dass Einstellungstests sorgfältig entwickelt und validiert werden und dass sie in Kombination mit anderen Bewertungsverfahren eingesetzt werden (multimodulare Bewerberauswahl), um ein umfassenderes Bild von den Fähigkeiten und Eignungen der Bewerbenden zu erhalten.

Zusammenfassend kann festgehalten werden, dass Anforderungsprofile und Einstellungstests wichtige Instrumente und Maßnahmen sind, um die Eignung und Fähigkeiten von Auszubildenden zu messen und zu fördern. Unternehmen sollten jedoch sicherstellen, dass sie diese Instrumente sorgfältig entwickeln und validieren und dass sie in Kombination mit anderen Bewertungsverfahren eingesetzt werden, um ein umfassenderes Bild von den Fähigkeiten und Eignungen der Bewerber zu erhalten.

Erfahrung aus der Praxis:

„Die Besten Tests und Anforderungsprofile bringen nichts, wenn der Bewerber einen schlechten Tag hat. Daher ist es wichtig den gesamten Prozess zu betrachten – von der Bewerbung über erste mündliche Kontakte bis hin zum Vorstellungsgespräch. Gerade Betriebe mit wenig Bewerbungen sollten Ressourcen nutzen, um eine Eignung eines Bewerbers festzustellen".

Impuls: Wenn du eine Bewerbung erhalten hast und diverse Test durchgeführten wurden und es immer noch Unsicherheiten gibt dann führe doch ein kurzes lockeres Telefoninterview mit dem Bewerber durch. Mein Tipp: Führe das Gespräch in "DU" und stelle einfach ein paar auflockernde Fragen als Eisbrecher.

Eine weitere Möglichkeit ist die Einbindung von gamifizierten Persönlichkeitstests. Diese helfen ebenfalls den Bewerbungsprozess für die Bewerbenden aufzulockern und trotzdem Erkenntnisse für die Eignung zu erhalten. Ich selbst

3.2. Einarbeitungs- und Ausbildungspläne

Aufgrund von dynamischen Veränderungen im Makroumfeld müssen Ausbildungsberufe immer höheren Anforderungen entsprechen, daher sind gute Rahmenbedingungen innerhalb der Ausbildung unerlässlich (vgl. Ebbinghaus, 2018, S. 14).

Ein wichtiger Bestandteil der Einarbeitung und Ausbildung von Auszubildenden sind Einarbeitungs- und Ausbildungspläne. Diese Pläne legen fest, welche Lernziele die Auszubildenden während ihrer Ausbildung erreichen sollen und wie diese Ziele erreicht werden können. Sie legen genau fest zu welchem Zeitpunkt Auszubildende welche Abteilungen mit den dazugehörigen Tätigkeiten und Kompetenzen durchlaufen. Die betrieblichen Einarbeitungs- und Ausbildungspläne haben das Ziel einen klaren und strukturierten Rahmen für die Ausbildung zu ermöglichen (vgl. Frodl, 2020, S. 108ff).

Ein gut strukturierter Einarbeitungsplan kann dazu beitragen, dass sich Auszubildende schnell in ihrem neuen Arbeitsumfeld zurechtfinden und sich mit den Zielen und Werten des Unternehmens identifizieren. Ein wichtiger Bestandteil eines Einarbeitungsplans ist die Einführung in die Unternehmenskultur, die Vermittlung von Unternehmenswerten und fachlichen Inhalten (vgl. Brenner, 2020, S. 11ff). Eine positive Unternehmenskultur kann dazu beitragen, dass Mitarbeitende sich im Unternehmen wohl und geschätzt fühlen und sich dadurch stärker mit dem Unternehmen identifizieren (vgl. Wien/Franzke, 2014, S. 21).

Ein weiterer wichtiger Bestandteil von Einarbeitungs- und Ausbildungsplänen sind regelmäßige Feedbackgespräche. Diese Gespräche bieten Auszubildenden die Möglichkeit, Rückmeldung zu ihrer Arbeit zu erhalten und gezielt an ihren Stärken und Schwächen zu arbeiten. Feedbackgespräche können dazu beitragen, dass Auszubildende schneller lernen und sich schneller in ihrem Arbeitsumfeld zurechtfinden (vgl. Frodl, 2020, S. 259ff).

Neben Einarbeitungs- und Ausbildungsplänen können auch Schulungen und Seminare dazu beitragen, Auszubildende effektiv zu fördern und zu unterstützen. Diese Maßnahmen sollten jedoch ebenfalls auf die individuellen Bedürfnisse und Fähigkeiten der Auszubildenden abgestimmt sein und einen klaren Bezug zur Ausbildung haben.

Zusammenfassend kann festgehalten werden, dass eine strukturierte Einarbeitung und Ausbildung von Auszubildenden entscheidend für den Erfolg der Personalentwicklung in Unternehmen sind. Einarbeitungs- und Ausbildungspläne sollten dabei auf die individuellen Bedürfnisse und Fähigkeiten der Auszubildenden abgestimmt sein und einen klaren Rahmen für die Einarbeitung und Ausbildung bieten. Feedbackgespräche und Schulungen können dazu beitragen, Auszubildende effektiv zu fördern.

Erfahrung aus der Praxis:

"In der Ausbildungspraxis kann es gerade bei großen Ausbildungsbereichen vorkommen, dass Einarbeitungspläne nicht in jeder Abteilung vorliegen, daher ist eine Analyse hier sinnvoll. Aufgrund von Ressourcendefiziten war es wahrscheinlich bisher nicht möglich individuelle Einarbeitungs- und Ausbildungspläne zu erstellen, deshalb wird oft auf Standards für den jeweiligen Ausbildungsberuf zurückgegriffen.

Impuls: „Sprich mit deinen Ausbildern und sensibilisiere sie dafür mehr auf die verschiedenen Auszubildenden einzugehen und Veränderungen in der Einarbeitung und dem Ausbildungsplan auszuprobieren. Wenn Auszubildende z.B. mal eine Abteilung sehen wollen, die nicht im Ausbildungsberuf vorgesehen ist, aber einen Mehrwert, ein Interessensbedürfnis oder einen Blick über den Tellerrand ermöglicht, dann schaue nach Lösungen auch dort eine Ausbildungszeit zu ermöglichen".

3.3. Qualifizierungsmaßnahmen und Weiterbildungen

Selbst nach einer erfolgreichen Einarbeitung und Ausbildung der Auszubildenden sollten Qualifizierungsmaßnahmen und Weiterbildungen regelmäßig durchgeführt werden, um sicherzustellen, dass die Auszubildenden auf dem neuesten Stand bleiben und sich weiterentwickeln können. Qualifizierungsmaßnahmen können dazu beitragen, dass Auszubildende neue Fähigkeiten und Kenntnisse erwerben, die für ihre Arbeit notwendig sind, während Weiterbildungen die bestehenden Kenntnisse und Fähigkeiten vertiefen und erweitern können.

Eine Möglichkeit zur Umsetzung von Qualifizierungsmaßnahmen und Weiterbildungen ist die Durchführung von Workshops. In diesen Workshops können beispielsweise fachliche oder auch soziale Themen behandelt werden, die für die Arbeit der Auszubildenden relevant sind. Die Workshops sollten dabei motivierend und interaktiv gestaltet werden, um das aktive Mitwirken der Auszubildenden zu fördern (vgl. Beermann/Schubach, 2013, S. 6f).

Neben Workshops können auch Schulungen und Seminare dazu beitragen, Auszubildende zu qualifizieren und weiterzubilden. Diese sollten jedoch ebenfalls einen klaren Bezug zur Ausbildung haben. Im Vergleich von Workshops und Seminaren lässt sich herausstellen, dass Workshop durch einen Moderator geleitet werden, der durch die Ziele und das Thema führt, während Seminare einer Zielgruppe strikt festgelegte Kenntnisse und Fähigkeiten vermittelt (vgl. Krieger/Dubsky/Hilbert, S. 260).

Eine Möglichkeit zur Umsetzung von Schulungen und Seminaren ist die Kooperation mit externen Bildungseinrichtungen, um ein breiteres Spektrum an Themen und Expertenwissen anzubieten.

Auch das sogenannte "blended learning" kann eine effektive Methode sein, um Auszubildende zu qualifizieren und weiterzubilden. Hierbei werden verschiedene Lernmethoden kombiniert, wie beispielsweise Präsenzveranstaltungen, E-Learning und Selbstlernphasen. Durch die Kombination verschiedener Lernmethoden, können die individuellen Bedürfnisse und Lernstile der Auszubildenden besser berücksichtigt werden (vgl. L. Pilotto, 2021, S. 66f).

Es ist jedoch wichtig zu beachten, dass Qualifizierungsmaßnahmen und Weiterbildungen nicht nur für den Erfolg der Auszubildenden, sondern auch für den Erfolg des Unternehmens von großer Bedeutung sind. Durch die kontinuierliche Weiterbildung der Auszubildenden können diese dazu beitragen, dass das Unternehmen wettbewerbsfähig bleibt und sich auf dem Markt behaupten kann.

Zusammenfassend kann festgehalten werden, dass Qualifizierungsmaßnahmen und Weiterbildungen eine wichtige Rolle in der Förderung von Auszubildenden spielen. Workshops, Schulungen, Seminare und das "blended learning" sind dabei effektive Methoden zur Umsetzung von Qualifizierungsmaßnahmen und Weiterbildungen, die auf die individuellen Bedürfnisse und Fähigkeiten der Auszubildenden abgestimmt sind.

Erfahrung aus der Praxis:

„Je nach Ressourcensituation können Ausbildungsverantwortliche selbst Schulungen, Workshops und Seminare anbieten, die einen Mehrwert bieten. Andernfalls ist es auch möglich auf Angebote von extern zurückzugreifen. Die externen Angebote können sowohl personelle als auch Budgetressourcen schonen. Hierbei unbedingt darauf achten, Bedarfe und Ziele zu analysieren z.B. in Form einer Umfrage bei den Auszubildenden, durch Gespräche mit Auszubildenden oder durch Gesprächsrunden der Ausbildungsverantwortlichen. Ich habe aufgrund von Ressourcendefiziten die ein oder anderen Impulstrainings angeboten, bis auch hierfür keine Priorität mehr da war".

Impuls: Teste uns doch mal gerne aus! Mein Unternehmen Bildungsreif hat sich aus Leidenschaft für die Ausbildung bewusst auf die FLEX-Skills von Auszubildenden spezialisiert und bietet max. skalierbare Online-Trainings mit Quizfragen und Praxisanwendungen an. Die Trainings können in das erste Ausbildungsjahr systematisch eingebaut werden und schonen das Budget. Zudem gibt es die Möglichkeit individuelle Trainingspakete aus zukünftig zehn Trainings zusammenzustellen. Alternativ können wir die Online-Trainings auch in euer Learningmanagement-System überführen oder vor Ort anbieten.

3.4. Mentoring und Coaching

Die Auszubildenden spielen eine wichtige Rolle für die Wettbewerbsfähigkeit von Unternehmen. Neben dem fachlichen Wissen sind ebenso soziale Kompetenzen und Fähigkeiten wichtig, um im Arbeitsleben erfolgreich zu sein.

Mentoring und Coaching sind bewährte Instrumente zur Förderung von Mitarbeitenden, die es ihnen ermöglichen, ihre Fähigkeiten und Kompetenzen zu entwickeln und ihre berufliche Laufbahn erfolgreich zu gestalten. Auch für Auszubildende können diese Methoden angewandt werden. Beide Methoden sind auf die individuellen Bedürfnisse und Ziele der Mitarbeitenden ausgerichtet und können helfen, Lernbarrieren und Hindernisse zu überwinden (vgl. Pflaum/Schwalb, 2021, S. 13).

Mentoring ist eine Form eines persönlichen Begleit- und Beratungsprozesses, bei der ein erfahrener Mitarbeiter des

Unternehmens (Mentor) den Auszubildenden (Mentee) bei der persönlichen und beruflichen Entwicklung unterstützt. Der Mentor hilft dem Mentee mittel oder langfristig seine Stärken und Schwächen zu erkennen und zu entwickeln, indem er Feedback und wertvolle Tipps und Ratschläge gibt (vgl. Graf/Edelkraut, 2013, S. 16).

Coaching hingegen ist eine professionelle Beratung, die darauf abzielt, die Leistung und Entwicklung von Einzelpersonen oder Gruppen zu verbessern. Der Coach arbeitet mit dem Auszubildenden zusammen, um bestimmte Themen wie Lernziele zu setzen, Hindernisse zu überwinden und positive Veränderungen im Verhalten und in der Einstellung zu bewirken (vgl. Pflaum/Schwalb, 2021, S. 1ff).

Beide Methoden haben ihre Vor- und Nachteile und können auf unterschiedliche Weise eingesetzt werden, um Auszubildende zu fördern und ihre Leistung zu verbessern. Mentoring kann beispielsweise dazu beitragen, dass Auszubildende eine bessere Beziehung zu ihren Vorgesetzten und Kollegen aufbauen und ihre sozialen Fähigkeiten verbessern. Coaching hingegen kann dazu beitragen, dass Auszubildende ihre technischen Fähigkeiten verbessern und ihr Wissen und Verständnis vertiefen.

Es ist wichtig, dass Mentoring und Coaching professionell und systematisch durchgeführt werden, um positive Ergebnisse zu erzielen. Der Prozess sollte gut strukturiert sein und klare Ziele und Erwartungen enthalten. Darüber hinaus sollten die Auszubildenden in den Prozess einbezogen werden (vgl. Pflaum/Schwalb, 2021, S. 3).

Es lässt sich herausstellen, dass Mentoring und Coaching wirkungsvolle Ansätze zur Förderung von Auszubildenden sind

und sowohl fachliches als auch soziales Können betonen.
Mentoring, von erfahrenen Mentoren über einen längeren
Zeitraum geleitet, unterstützt die persönliche und berufliche
Entwicklung, während Coaching auf professionelle Beratung
zielt, um Leistung und Entwicklung gezielt zu verbessern. Eine
strukturierte und professionelle Umsetzung beider Methoden,
mit klaren Zielen und Einbeziehung der Auszubildenden, ist
entscheidend für den Erfolg der Ansätze.

Erfahrung aus der Praxis:

*„In meiner Zeit als Ausbildungsleiter gab es kein
Mentoringprogramm für Auszubildende. Es gab ein globales
Mentoringprogramm für junge Talente welches das Mentoring
umgekehrt hat, sodass die jungen Talente die hohen globalen
Führungskräfte als Mentees hatten.*

*Aus meiner Sicht gibt es viele engagierte und talentierte
Führungskräfte in einem Unternehmen, die es schätzen ihr
Wissen weiterzugeben. Ein Mentoringprogramm für
Auszubildende in einem Unternehmen würde viele begeisterte
Mentoren etablieren, die dazu beitragen können, die
Entwicklung von Auszubildenden zu verbessern. Zudem werden
auch die Mentoren von dem Austausch lernen, Lücken erkennen
und Wertschätzung zurückbekommen.*

*Für das Coaching in einem Unternehmen ist es aus meiner Sicht
wichtig Coachingskills mitzubringen, da es sonst eher als
Beratung verstanden werden kann. Ich selbst habe mich ohne
Qualifizierung an Coaching ausprobiert und musste feststellen,
dass es viel länger dauert, immer wieder aus seiner Beraterrolle*

herauszukommen ohne viel inhaltliches Wissen zu Coaching und Fragetechniken. Ziel eines Coachings ist immer die Befähigung des Klienten, daher ist der Coach der Experte für Zuhören, Fragen stellen und Methoden anwenden".

Impuls: Probiere doch mal aus, ein Mentoringprogramm zu etablieren und wenn sich keine Mentoren und Auszubildenden für eine Testphase finden, hast du es wenigstens versucht.

Eine einfache Methode Coaching zu lernen ist die 3K-Methode, die es ermöglicht eine Struktur in das Coaching zu bringen. Diese Methode verschlankt die oft überladenen Theorie zum Coachingsprozess. Mehr dazu im Kurs "Coachingskills für Ausbildungspersonal".

3.5. Zielvereinbarungen und Beurteilungsgespräche

Zielvereinbarungen und Beurteilungsgespräche sind wichtige Instrumente zur Förderung von Auszubildenden, da sie dazu beitragen können, dass Auszubildende ihre Ziele und Kompetenzen besser erkennen und gezielt daran arbeiten können. Zielvereinbarungen sind dabei Vereinbarungen zwischen Ausbildern und Auszubildenden über zu erreichende Ziele, während Beurteilungsgespräche dazu dienen, den Fortschritt bei der Erreichung der Ziele zu überprüfen und Rückmeldungen zu geben. In diesem Text werden wissenschaftliche Erkenntnisse zu diesen Instrumenten dargestellt und Möglichkeiten zur Umsetzung aufgezeigt.

Zielvereinbarungen können dazu beitragen, dass Auszubildende ihre Ziele und Kompetenzen besser erkennen und gezielt daran arbeiten können. Dabei sollten die Ziele SMART (spezifisch, messbar, akzeptiert, realistisch und terminiert) formuliert werden, um eine klare Orientierung zu geben (vgl. Birgmeier, 2009, S. 183ff). Es ist jedoch wichtig zu beachten, dass die Ziele nicht nur von den Ausbildern vorgegeben werden, sondern auch von den Auszubildenden mitgestaltet werden sollten, um ihre Motivation zu erhöhen.

Beurteilungsgespräche dienen dazu, den Fortschritt bei der Erreichung der Ziele zu überprüfen und Rückmeldungen zu geben. Dabei ist es wichtig, dass das Feedback konstruktiv und verständlich formuliert wird, um eine positive Wirkung zu erzielen. Auch eine offene Kommunikation zwischen Ausbildern und Auszubildenden kann dazu beitragen, dass Beurteilungsgespräche effektiver sind und ein besseres Ergebnis erzielt wird. Im Beurteilungsgespräch mit Auszubildenden steht eine offene Gesprächskultur im Vordergrund, die von Vertrauen und Fairness geprägt ist. Ziel ist die Weiterentwicklung des Auszubildenden und die Verbesserung von Ausbildungsprozessen. Das Gespräch beinhaltet die klare Definition und regelmäßige Überprüfung von Lernzielen. (vgl. Frodl, 2020, S. 258ff).

Es gibt verschiedene Möglichkeiten, um Zielvereinbarungen und Feedbackgespräche in der Ausbildung umzusetzen. Eine Möglichkeit ist die Integration von Zielvereinbarungen und Beurteilungsgesprächen in den Ausbildungsplan. Dadurch wird sichergestellt, dass sie regelmäßig durchgeführt werden und eine klare Struktur haben (vgl. Frodl, 2020, S. 109f).

Erfahrung aus der Praxis:

„Ei ei ei, was habe ich schon schlechte Beurteilungsgespräche erlebt…

Tatsächlich bin ich in diesem Thema hier ein gebranntes Kind, deshalb habe ich diesen Prozess als Ausbildungsleiter als Erstes angepackt! Ich selbst habe Beurteilungsgespräche als Azubi erlebt, die ca. eine halbe Stunde zwischen Tür und Angel stattgefunden haben, mit wenig Begründungen zu guter Leistung, Entwicklungsbedarf oder dass ich gar selbst Feedback geben durfte. Gute Beurteilungsgespräche sind das Fundament für Zielformulierungen, Weiterentwicklung und intrinsischer Motivation. Wenn du, wie ich, aus einem großen Industriebetrieb kommst und das Dach über der Ausbildung bildest, solltest du dir unbedingt mal die erste und zwei Etage anschauen! Mit dieser Formulierung meine ich nicht die Kontrolle deines Ausbildungspersonals, sondern das Potenzial Beurteilungsgespräche GEMEINSAM zu verbessern".

Impuls: Solltest du selbst die Beurteilungsgespräche führen, solltest du dich auch selbst immer wieder reflektieren und dir eine Struktur oder Checkliste für deine Beurteilungsgespräche anlegen. Wenn dein Ausbildungspersonal Beurteilungsgespräche durchführt, kannst du anbieten, einmal dazuzukommen. Solltest du Entwicklungspotenzial bei Beurteilungssprächen seitens des Personals feststellen, kannst du natürlich ein Standardvorgehen und entsprechende Materialien dazu integrieren. Zudem kannst du ein Impulstraining für dein Ausbildungspersonal festlegen.

Tipp: *Suchst du eine passende Struktur und bereits ausgearbeitete Checklisten, dann kannst du diese gerne bei uns in der Toolbox herunterladen unter* www.bildungsreif.de *.*

Weitere Ergänzungen aus der Praxis zu diesem Kapitel:

Manche Azubis lernten mehr in einem Projekt als in drei Schulungstagen – insbesondere, wenn sie es selbst gestalten durften. Zwei Auszubildende entwarfen einen neuen Newsletter von Azubis für Azubis, der andere hielt einen Workshop zum Thema „Zukunft im Beruf" vor 25 Schülern. Beides wirkte mehr als jeder Folienvortrag.

Ein gutes Ausbildungsprogramm erkennt man nicht am Katalog, sondern daran, wie sehr Azubis über sich hinauswachsen dürfen. Ich erinnere mich an eine Auszubildende, die mit Prüfungsangst kämpfte. Heute ist sie Ausbilderin. Das ist Personalentwicklung!

Key-Learnings aus diesem Kapitel:

1. Auswahl ist mehr als ein Test – Persönlichkeit zählt

1. Anforderungsprofile und Tests helfen bei der Auswahl – aber sie sind nur ein Puzzlestück.
2. Soziale Kompetenzen, Selbstreflexion und Motivation sind entscheidende Potenzialindikatoren.
3. Multimodale Auswahlverfahren inkl. Gespräche, Beobachtungen & ggf. gamifizierte Tests schaffen ein ganzheitliches Bewerberbild.

Praxisimpuls:

Auch mit wenigen Bewerbungen lohnt es sich, in individuelle Gespräche zu investieren. Ein Telefoninterview mit lockerer Sprache kann entscheidende Erkenntnisse liefern.

2. Struktur gibt Sicherheit, aber Flexibilität bringt Entwicklung

1. Einarbeitungs- und Ausbildungspläne strukturieren den Ausbildungsweg und geben Orientierung.
2. Sie sollten individuell angepasst, regelmäßig aktualisiert und mit Feedbackrunden kombiniert werden.
3. Einblicke „über den Tellerrand" schaffen Lernmotivation und Identifikation.

Praxisimpuls:

Etabliere eine Kultur, in der Azubis sagen dürfen: „Ich würde gerne mal in diese Abteilung schnuppern." – und ermögliche es, wo es sinnvoll ist.

3. Weiterbildung ist kein Bonus, sondern Entwicklungspflicht

1. Workshops, Seminare, Blended Learning – je vielseitiger, desto wirksamer.
2. Inhalte sollten zielgruppenorientiert und lebensnah sein – nicht nur Theorie, sondern mit echter Anwendung.
3. Eine strukturierte Bedarfsanalyse (z. B. durch Azubi-Umfragen) steigert Relevanz und Wirksamkeit.

Praxisimpuls:

Regelmäßige Impulstrainings – kurz, prägnant, praxisnah – fördern kontinuierliches Lernen. Auch externe Anbieter wie *Bildungsreif* können helfen, Ressourcen zu schonen.

4. Mentoring & Coaching fördern nicht nur Azubis, sondern auch Kultur

1. Mentoring bietet Orientierung, Vorbilder und emotionale Unterstützung.
2. Coaching stärkt Selbstreflexion, Eigenverantwortung und Problemlösefähigkeit.
3. Beide Formate benötigen Struktur, klare Rollen und qualifizierte Beteiligte.

Praxisimpuls:

Starte ein internes Mentoringprogramm – auch als Pilotprojekt. Nutze das Potenzial motivierter Fachkräfte, um Wissen weiterzugeben und junge Menschen zu fördern.

5. Zielvereinbarungen & Beurteilungsgespräche sind keine
Pflicht – sondern Chancen

1.   Gute Gespräche basieren auf Struktur, Wertschätzung
        und Transparenz.
2.   Ziele sollten gemeinsam formuliert, regelmäßig
        überprüft und auf individuelle Entwicklung ausgerichtet
        sein.
3.   Feedback ist kein Monolog – sondern Dialog mit
        Wirkung.

Praxisimpuls:

Entwickle Checklisten, Leitfäden und kleine Gesprächstrainings
für dein Ausbildungspersonal. So wird aus einem „Pflichtpunkt"
ein Entwicklungsmoment für alle.

6. Persönliche Verantwortung als Katalysator

1.   Gute Maßnahmen fördern nicht nur fachliches Wissen,
        sondern stärken auch das Verantwortungsgefühl, das
        Selbstvertrauen und die Lernfreude.
2.   Der größte Hebel ist oft nicht die Maßnahme selbst –
        sondern die Haltung, mit der sie vermittelt wird.

Kapitel 4: Erfolgsfaktoren und Herausforderungen bei der Umsetzung der strategischen Personalentwicklung von Auszubildenden

„Strategie ohne Umsetzung ist wie ein Werkzeugkasten ohne Hände: sieht gut aus, bringt aber nix.“

Die strategische Personalentwicklung von Auszubildenden kann für Unternehmen eine Vielzahl von Vorteilen und Wettbewerbsvorteilen bringen. Jedoch birgt die Umsetzung dieser Strategie auch zahlreiche Herausforderungen und Schwierigkeiten, die erfolgreich bewältigt werden müssen, um die gewünschten Ergebnisse zu erzielen. Im Folgenden werden einige der wichtigsten Erfolgsfaktoren und Herausforderungen bei der Umsetzung der strategischen Personalentwicklung von Auszubildenden aufgeführt und erläutert.

4.1. Interne und externe Rahmenbedingungen

Die internen Rahmenbedingungen spielen eine wichtige Rolle bei der erfolgreichen Umsetzung der strategischen Personalentwicklung von Auszubildenden. Unternehmen müssen eine klare Vision und Strategie für ihre Personalentwicklung haben, um eine erfolgreiche Ausbildung und Entwicklung der Auszubildenden sicherzustellen (vgl. Hess/Grund/Weiss, 2022, S. 21ff). Die Integration der Auszubildenden in die betriebliche Praxis und die Unterstützung durch qualifizierte Ausbilder sind weitere wichtige Faktoren. Darüber hinaus spielt die Unternehmenskultur eine bedeutende Rolle bei der Gestaltung der internen Rahmenbedingungen. Eine offene und motivierende Unternehmenskultur kann dazu beitragen, dass Auszubildende erfolgreich in ihre berufliche Zukunft starten (vgl. Wien/Franzke, 2014, S. 21).

Neben den internen Rahmenbedingungen beeinflussen auch die externen Rahmenbedingungen die Umsetzung der strategischen Personalentwicklung von Auszubildenden. Hierzu zählen insbesondere gesetzliche Regelungen und demografische

Entwicklungen. So müssen Unternehmen beispielsweise die rechtlichen Vorgaben zur Ausbildung von Auszubildenden beachten, um rechtliche Konsequenzen zu vermeiden (vgl. Frodl, 2020, S. 6ff). Zudem stellt der demografische Wandel Unternehmen vor die Herausforderung, aus einem schrumpfenden Bewerberpool geeignete Auszubildende zu finden (vgl. Rebeggiani/Wilke/Wohlmann, 2020: 3f). Auch die Konkurrenz um qualifizierte Auszubildende durch andere Unternehmen, darf nicht unterschätzt werden. Um diesen Herausforderungen erfolgreich zu begegnen, müssen Unternehmen ihre Personalstrategie, auf die sich ändernden Rahmenbedingungen anpassen und eine umfassende und zukunftsorientierte Ausbildungsstrategie entwickeln (vgl. Freese, 2013, S. 11).

Insgesamt sind sowohl die internen als auch die externen Rahmenbedingungen für eine erfolgreiche Umsetzung von Bedeutung. Unternehmen sollten daher sowohl die betrieblichen Gegebenheiten als auch die sich ändernden externen Rahmenbedingungen bei der Entwicklung und Umsetzung ihrer Personalstrategie berücksichtigen.

4.2. Bedeutung von Führung und Kommunikation

Eine weitere Rolle bei der Umsetzung der strategischen Personalentwicklung von Auszubildenden kommt der Führung zu. Eine erfolgreiche Personalentwicklung erfordert eine klare Führungspersönlichkeit, die in der Lage ist, die Auszubildenden zu motivieren und zu fördern. Eine Führungskraft muss über die notwendigen Fähigkeiten verfügen, um die individuellen Bedürfnisse und Potenziale der Auszubildenden zu erkennen und zu fördern. Hierbei ist es wichtig, dass die Führungskraft in der Lage ist, eine vertrauensvolle Beziehung zu den Auszubildenden aufzubauen (vgl. Frodl, 2020, S. 267f).

Eine weitere wichtige Rolle bei der Umsetzung der strategischen Personalentwicklung von Auszubildenden spielt die Kommunikation. Eine offene und transparente Kommunikation zwischen den Auszubildenden und den Führungskräften ist unerlässlich. Führungskräfte sollten daher regelmäßig Feedbackgespräche mit den Auszubildenden führen, um deren Fortschritt zu überwachen und ihre individuellen Bedürfnisse zu berücksichtigen. Darüber hinaus sollten die Führungskräfte in der Lage sein, den Auszubildenden klare Ziele zu setzen und ihnen ein Feedback zu geben, dass ihre Leistung und ihr Potenzial widerspiegelt (vgl. Frodl, 2020, S. 273f).

Neben der Führung und der Kommunikation spielen auch andere Faktoren eine wichtige Rolle. Hierzu zählen unter anderem die Qualifikation der Ausbildenden, die Integration der Auszubildenden in die betriebliche Praxis sowie die Unternehmenskultur. Eine offene und lernfördernde Unternehmenskultur kann dazu beitragen, dass Auszubildende motiviert bleiben. (vgl. Frodl, 2020, S. 247f).

Zusammenfassend kann festgehalten werden, dass eine erfolgreiche Umsetzung der strategischen Personalentwicklung von Auszubildenden eine klare Führungspersönlichkeit erfordert, die in der Lage ist, die individuellen Bedürfnisse und Potenziale der Auszubildenden zu erkennen und zu fördern. Eine offene und transparente Kommunikation zwischen den Auszubildenden und den Führungskräften sowie eine lernfördernde Unternehmenskultur sind ebenfalls von großer Bedeutung. Unternehmen sollten diese Faktoren bei der

Entwicklung und Umsetzung ihrer Personalstrategie berücksichtigen, um eine erfolgreiche Personalentwicklung zu gewährleisten.

4.3. Messung und Bewertung von Erfolg und Wirksamkeit

Die Umsetzung einer strategischen Personalentwicklung von Auszubildenden erfordert nicht nur eine klare Führungspersönlichkeit und eine offene Kommunikation, sondern auch eine Möglichkeit zur Messung und Bewertung des Erfolgs und der Wirksamkeit dieser Maßnahmen. Eine effektive Messung und Bewertung sind von Erfolg und Wirksamkeit der Personalentwicklungsmaßnahmen von entscheidender Bedeutung für den Erfolg der Personalentwicklung.

Eine Möglichkeit zur Messung und Bewertung des Erfolgs und der Wirksamkeit von Personalentwicklungsmaßnahmen ist das sogenannte "Kirkpatrick Modell". Dieses Modell wurde von Donald Kirkpatrick entwickelt und besteht aus vier Stufen: Reaktion, Lernen, Verhalten und Ergebnis. Die erste Stufe bezieht sich auf die Reaktion der Auszubildenden auf die Personalentwicklungsmaßnahme, die zweite Stufe auf das Lernen der Auszubildenden während der Maßnahme, die dritte Stufe auf das Verhalten der Auszubildenden nach der Maßnahme und die vierte Stufe auf die Ergebnisse der Maßnahme für das Unternehmen (vgl. Hinrichs, 2016, S. 2934).

Das Kirkpatrick Modell hat sich als nützliches Instrument zur Messung und Bewertung der Wirksamkeit von Personalentwicklungsmaßnahmen erwiesen und im Laufe der

Zeit durch eine weitere fünfte Ebene „ROI"* ergänzt. Die fünfte Ebene ermöglicht es Personalfachleuten, den Kosten-Nutzen-Faktor von Personalentwicklungsmaßnahmen zu quantifizieren und zu bewerten, was es ihnen wiederum ermöglicht, zukünftige Maßnahmen besser zu planen und anzupassen (vgl. Hinrichs, 2016, S. 36f).

Eine weitere Möglichkeit zur Messung und Bewertung des Erfolgs und der Wirksamkeit von Personalentwicklungsmaßnahmen ist die Nutzung von Kennzahlen. Solche Kennzahlen, wie beispielsweise die Abschlussquote von Kursen der Auszubildenden oder die Erfolgsquote bei der Übernahme in ein festes Arbeitsverhältnis, können dazu beitragen, den Erfolg und die Wirksamkeit von Personalentwicklungsmaßnahmen zu messen und zu bewerten. Solche Erhebungen gehören im Rahmen der gesamten Personalabteilung zum Personalcontrolling (vgl. Sacco, 2022, S. 64).

Darüber hinaus kann auch eine Evaluation durch externe Experten sinnvoll sein, um den Erfolg und die Wirksamkeit von Personalentwicklungsmaßnahmen zu messen und zu bewerten. Eine unabhängige Bewertung durch externe Experten kann dazu beitragen, Verzerrungen oder Vorurteile bei der Bewertung zu vermeiden.

Zusammenfassend kann festgehalten werden, dass die Messung und Bewertung des Erfolgs und der Wirksamkeit von Personalentwicklungsmaßnahmen von entscheidender Bedeutung sind.

Key-Learnings aus diesem Kapitel:

1. Strategische Personalentwicklung braucht stabile Rahmenbedingungen

Interne Erfolgsfaktoren:

1. Eine klare Vision und Strategie für die Personalentwicklung
2. Integration der Auszubildenden in reale betriebliche Abläufe
3. Unterstützung durch qualifizierte, engagierte Ausbildende
4. Eine positive, offene Unternehmenskultur, die Lernen ermöglicht

Externe Herausforderungen:

1. Demografischer Wandel: sinkende Bewerberzahlen, neue Generationen
2. Rechtliche Anforderungen: Ausbildungsstandards, gesetzliche Vorgaben
3. Wettbewerb um Talente: Arbeitgeberattraktivität gewinnt an Bedeutung

Praxisimpuls:

Unternehmen sollten regelmäßig prüfen, ob ihre Ausbildungsstrategie noch zu den sich wandelnden äußeren Bedingungen passt – und bereit sein, neue Wege zu gehen.

2. Führung und Kommunikation sind das Rückgrat jeder Entwicklung

1. Gute Führung erkennt und fördert individuelle Potenziale von Azubis
2. Vertrauensvolle Beziehungen und regelmäßige Feedbackgespräche sind zentrale Werkzeuge
3. Kommunikation ist keine Einbahnstraße – sie muss ehrlich, wertschätzend und zukunftsgerichtet sein

„Motivierte Auszubildende brauchen keine Kontrolle – sie brauchen Führung, die inspiriert und zuhört."

Praxisimpuls:

Ausbildungspersonal sollte offen sein für Schulungen im Hinblick auf die kommunikative Kompetenz. Feedback geben will gelernt sein und regelmäßig stattfinden.

3. Ohne Messung keine Wirkung – Evaluation ist kein Luxus, sondern Pflicht

1. Erfolg muss sichtbar gemacht werden, um ihn steuern zu können
2. Das Kirkpatrick-Modell bietet ein etabliertes System mit 4 Stufen (Reaktion, Lernen, Verhalten, Ergebnis) + ROI-Ebene
3. Kennzahlen wie Übernahmequote, Lernfortschritt, Zufriedenheit, Engagement helfen bei der Bewertung
4. Externe Evaluation schützt vor Betriebsblindheit und erhöht die Objektivität

Praxisimpuls:

Klein starten: Auch ein kurzer Fragebogen nach einer Maßnahme oder ein strukturiertes Abschlussgespräch kann wertvolle Rückmeldungen liefern.

4. Die häufigsten Stolpersteine – und wie man sie umgeht

Herausforderung: Finde Ansätze oder Lösungen (nutze dafür bewährte Methoden wie z.B. 5-Why-Methode, Risikomatrix etc.)

Fehlende Strategie: Entwickle gemeinsam mit der Personalabteilung oder dem Unternehmen ein Leitbild & Entwicklungsplan

Geringe Akzeptanz beim Ausbildungspersonal: Fördere Beteiligung und Weiterqualifizierung z.B. durch regelmäßige Austausche, Blick über den Tellerrand, Schulungsangebote und die Transparenz über „Stillstand = Rückstand".

Mangelnde Ressourcen: Maßnahmen priorisieren, Verwaltung verschlanken und ggf. externe Partner nutzen.

Keine Erfolgskontrolle: Evaluationen in Prozesse integrieren, z. B. per Quartalsreview, Halbjahres Review, Jahresumfragen etc.

Kapitel 5: Fallbeispiel zur Personalentwicklung in der Ausbildung – Die TECHPRO GmbH

Fiktiv, aber realitätsnah. Wie Azubis sagen würden: „Das klingt fast zu gut, um erfunden zu sein."

Einleitung

Dieses Kapitel stellt ein fiktives, aber realitätsnahes Fallbeispiel zur strategischen Personalentwicklung im Ausbildungsbereich vor. Ziel des Kapitels ist es, praxisnahe Einblicke in typische Herausforderungen und Lösungsansätze im Rahmen betrieblicher Ausbildungsentwicklung zu geben.

Unternehmensprofil (fiktiv)

Die TECHPRO GmbH ist ein mittelständisches Unternehmen mit ca. 1.200 Mitarbeitenden, davon etwa 60 Auszubildende in technischen und kaufmännischen Berufen. Als zukunftsorientierter Betrieb der Prozessindustrie legt TECHPRO GmbH großen Wert auf Nachwuchsförderung und systematische Entwicklung junger Talente. Um die Wirksamkeit bestehender Personalentwicklungsmaßnahmen im Ausbildungsbereich zu evaluieren, wurde eine interne Umfrage unter Auszubildenden durchgeführt.

Zielsetzung der Befragung

Die Befragung diente der Analyse folgender Aspekte:

- Wahrnehmung und Nutzung bestehender Entwicklungsangebote
- Verbesserungspotenziale im Ausbildungsalltag
- Wünsche der Auszubildenden für zukünftige Maßnahmen

Sie richtete sich an Auszubildende und wurde online, anonym und freiwillig durchgeführt.

Bestehende Entwicklungsmaßnahmen bei TECHPRO

TECHPRO verfügt über ein breites Spektrum an entwicklungsfördernden Maßnahmen, darunter:

- strukturierter Ausbildungsplan und systematische Bereichsrotation
- Zusatztrainings (EDV, Prüfungsvorbereitung, Business Englisch)
- monatlicher Newsletter und digitale FAQ-Plattform
- Nachhilfeangebote und Feedbackgespräche vor Versetzungen
- Beteiligung an Projekten und Wettbewerben
- halbjährliches Ausbildungscoaching mit individuellem Fokus

Erkenntnisse aus der Befragung (abstrahiert)

Die Ergebnisse der Befragung spiegeln ein differenziertes Bild wider:

Feedback und Coachingkultur

- 72 % der Auszubildenden erhalten regelmäßig Feedback zur Leistungsentwicklung
- 81 % empfinden dieses Feedback als klar und hilfreich

- das jährliche Coaching wird von über 96 % als positiver
  Entwicklungsimpuls wahrgenommen

Transparenz und Kommunikation

- es bestehen Unsicherheiten über bestimmte Angebote,
  obwohl diese im Unternehmen vorhanden sind
- interne Kommunikationsprozesse sollten transparenter
  gestaltet werden

Projekt und Teamarbeit

- 83 % sehen in Projektarbeit eine wertvolle
  Entwicklungschance
- rund ein Viertel ist sich unsicher, ob solche Projekte
  systematisch angeboten werden

Mentoring und individuelle Förderung

- etwa ein Drittel der Auszubildenden gibt an, keinen
  persönlichen Mentor oder Coach zu haben
- gleichzeitig besteht ein starkes Interesse an solchen
  Unterstützungsformaten

Diversität und Unternehmenskultur

- 80 % erleben ein inklusives, respektvolles Miteinander
  im Ausbildungsumfeld
- die Vielfalt der Belegschaft wird als förderlich für die
  persönliche Entwicklung wahrgenommen

Karriereperspektiven

- 92 % halten die berufliche Weiterentwicklung für sehr wichtig
- 44 % fühlen sich nicht ausreichend über Karrierepfade informiert

Handlungsfelder und Empfehlungen

Aus der Befragung lassen sich folgende strategische Entwicklungsfelder ableiten:

- Sichtbarkeit und Transparenz von Angeboten erhöhen
- Möglichkeit nach Mentorenprogramm prüfen und ggf. etablieren
- Projektarbeit gezielter planen und sichtbar machen
- Feedback und Zielgespräche institutionalisieren
- Karrierekommunikation verbessern

Fazit

Das Fallbeispiel TECHPRO GmbH zeigt exemplarisch, wie durch eine datengestützte Reflexion Potenziale in der Ausbildungsentwicklung identifiziert und gezielt angegangen werden können. Trotz der Fiktionalität liefert das Beispiel realitätsnahe Anhaltspunkte für Unternehmen, die ihre Personalentwicklung im Ausbildungsbereich strategisch ausrichten möchten.

Kapitel 6: Handlungsempfehlung & Checkliste

„Checklisten sind wie Sicherheitsgurte: Man merkt erst, wie wichtig sie sind, wenn's ruckelt."

Die Literaturrecherche und die Auswertung der Umfrage in einem Industriebetrieb zeigt die Komplexität des Themas strategische Personalentwicklung von Auszubildenden auf. Die Handlungsempfehlung lässt sich auf Grundlage dieser Arbeit in entsprechende Schritte für Unternehmen ableiten.

1. Überblick über alle aktuellen Personalentwicklungsmaßnahmen verschaffen und nach Unterthemen gliedern (für Transparenz sorgen)

a. Rekrutierung von Auszubildenden (Anforderungsprofile und Einstellungsprozess)

b. Einarbeitungs– und Ausbildungspläne

c. Mentoring und Coaching

d. Zielvereinbarungen und Feedbackgespräche

e. Führung und Kommunikation

Durch den Überblick und die damit verbundene Transparenz über alle aktuellen Personalentwicklungsmaßnahmen kann das Unternehmen bereits Impulse für weitere Maßnahmen oder notwendige Veränderungen ableiten. Jedes Unternehmen ist hinsichtlich ihrer Personalentwicklungsstrategie unterschiedlich aufgestellt, daher ist es wichtig die benannten Unterthemen und deren Theorie zu verinnerlichen und sich damit einen Überblick zu verschaffen.

2. Identifikation von Schwachstellen durch regelmäßige Umfragen bei den Auszubildenden und dem Ausbildungspersonal

Die Umfrageergebnisse helfen bei der Erkennung von Schwachstellen. Auch im Falle von Maßnahmen, die bereits abgebildet werden, könnte bei den Teilnehmenden der Befragung ermittelt werden, inwiefern sie über die Maßnahmen innerhalb der Ausbildung informiert sind und wie sinnvoll sie diese Maßnahmen bewerten.

3. Identifizierte Schwachstellen gezielt beheben und neue Maßnahmen oder neue gesamte Personalentwicklungsstrategien etablieren

Aufgrund der vielfältigen Möglichkeiten im Hinblick auf Personalentwicklungsmaßnahmen ist es wichtig, dass sich das betroffene Unternehmen mit einer ganzheitlichen Strategie befasst. Das Ziel eines ganzheitlichen Ansatzes ist die Einbindung von Unternehmenszielen und Unternehmenswerten, die eine etwaige Strategie maßgeblich in ihrem Fokus beeinflussen kann. Umfrageergebnisse können nicht nur Schwachstellen, sondern auch Bedürfnisse der Ausbildungsorganisation aufzeigen. Die Bedürfnisse sollten nicht unberücksichtigt gelassen werden, um mögliche Potenziale zu nutzen.

4. Etablierte Strategie oder neue Maßnahmen testen

Eine Abteilung mit dem Namen Personalentwicklung würde seinem Namen nicht gerecht werden, wenn sie nicht ständig neue Ansätze ausprobieren würde. Ganz nach dem Prinzip „Trial-and-Error" ist es wichtig Personalentwicklungsmaßnahmen auf ihren Erfolg hin zu testen. Ein neues regelmäßiges individuelles Ausbildungscoaching während der Ausbildungszeit sollte nach seiner Etablierung im Hinblick auf Verbesserungen in Leistung und Verhalten der Auszubildenden evaluiert werden. Darüber hinaus sollten

Trainingsbedarfe systematisch analysiert und bei Bedarf ergänzende Trainingsmaßnahmen eingeführt werden.

5. Personalentwicklungsstrategie ständig hinterfragen und anpassen

Aufgrund der Dynamik in der Arbeitswelt, ist es wichtig die eigene Personalentwicklungsstrategie und die damit verbundenen Maßnahmen ständig zu hinterfragen, um weiterhin in der Qualifizierung von zukünftigen Fachkräften wettbewerbsfähig zu bleiben. Zudem sollten die zukünftigen notwendigen Fähigkeiten und Kompetenzen des Unternehmens ständig evaluiert werden, um auch hier Anpassungen in Maßnahmen zu identifizieren.

6.1. Umsetzung in der Praxis

Eine Umsetzung einer ganzheitlichen Strategie und der Evaluierung der aktuellen Personalentwicklungsmaßnahmen eines Betriebes ist in der Praxis durch folgende Schritte möglich:

1. Die Ausbildungsorganisation verpflichtet sich in Abstimmung mit der Unternehmensleitung und der Personalleitung zur Integrierung einer jährlichen anonymen Mitarbeiterumfrage im Thema Personalentwicklung von Auszubildenden. Die Umfrage ermöglicht einen ersten Ist-Soll-Vergleich und somit eine ständige Qualitätskontrolle. Aufgrund der Komplexität wird diese Umfrage nicht mit anderen Mitarbeiterumfragen verbunden.

Alternativ: Die Ausbildungsorganisation integriert die Befragung zu den aktuellen Personalentwicklungsmaßnahmen in die regelmäßigen Feedbackgespräche der Ausbilder mit den Auszubildenden und erhält so eine persönliche und authentische Rückmeldung. Das Risiko bei diesen Interviews liegt bei möglichen Hemmungen der Auszubildenden konstruktive Kritik an Maßnahmen zu äußern.

2. Die Ausbildungsorganisation ist zuständig für die rechtzeitige Beantragung der Umfrage bei dem Betriebsrat. Außerdem ist sie zuständig für die Analyse und Zusammenstellung der Ergebnisse dieser Umfrage. Sie leitet ggf. Maßnahmen aus den Daten ab.

3. Die abgeleiteten Maßnahmen können zusätzliche Kosten oder Ressourcen verursachen, daher ist eine Abstimmung mit der Personalleitung und je nach Organisationstruktur auch mit der Geschäftsleitung notwendig.

4. Die abgeleiteten Maßnahmen werden nach Zustimmung der Verantwortlichen und unter Berücksichtigung zur Verfügung stehender betrieblicher Integrierungsmöglichkeiten (Ausbildungspläne, Berufsschulphasen, sonstige Seminare) in die ganzheitliche bestehende Personalentwicklungsstrategie implementiert. Gerade bei Auszubildenden ist zu berücksichtigen, inwiefern zusätzliche Angebote mögliche praktische betriebliche Zeit in Abteilungsbereichen verringern. Die Ausbildungsorganisation ist daher auch zuständig dafür den möglichen Mehrwert von Maßnahmen im Vorfeld einzuschätzen, um keine Überlagerung von Angeboten oder Verringerung von Praxiswissen zu fördern.

5. Die festgelegten Maßnahmen werden in einem gemeinsamen Termin mit der gesamten Ausbildungsorganisation (Ausbildungsleitung, Personalberater, Ausbilder, Verwaltungskräften) besprochen, um die Organisation auch im Rahmen kleiner Veränderungen zu involvieren und sie als

Promotor zu gewinnen. Neuerungen können bei Ausbildern auch auf Gegenwehr stoßen, daher ist es unerlässlich sie rechtzeitig konkretisiert zu informieren und zu überzeugen.

6. Die festgelegten Maßnahmen werden innerhalb der Ausbildungsorganisation kommuniziert. Dies ist bei den Auszubildenden mit einer E-Mail oder falls bereits vorhanden mit einem Newsletter möglich. Die Änderung oder das neue Angebot wird den Auszubildenden in der Kommunikation erläutert. Sollten die festgelegten Maßnahmen sehr erklärungsbedürftig sein, ist auch hier ein Termin mit den Auszubildenden oder ein Maßnahmensteckbrief sinnvoll.

7. Die Maßnahme oder mehrere Maßnahmen werden innerhalb der Ausbildung durchgeführt und besonders beobachtet. Am Ende der Maßnahme wird ein Feedback mit Hilfe des Kirkpatrick Modells eingeholt, um eine zeitnahe Rückmeldung zu erhalten.

8. Wenn die Maßnahme erfolgreich war und dadurch Kompetenzen und Fähigkeiten der Auszubildenden gesteigert wurden, wird die Maßnahme wiederholt. Der Erfolg der Maßnahmen oder dem Zusammenspiel der Maßnahmen kann durch Kennzahlen wie die Ausbildungsabschlussquote längerfristig gemessen werden. Die jährliche Umfrage zeigt, ob die Maßnahme noch zeitgemäß ist und die gewünschten Effekte erfüllt.

Checkliste: Strategische Personalentwicklung in der Ausbildung optimieren

„In der Ausbildungspraxis sind es oft die kleinen Dinge, die den größten Unterschied machen und Checklisten gehören definitiv dazu."

Wer einmal eine neue Auszubildende oder einen neuen Auszubildenden ohne klare Struktur eingearbeitet hat, weiß, wie wertvoll Orientierung sein kann. Nicht nur für junge Menschen, sondern auch für uns als Ausbildungsverantwortliche. In der Hektik des Alltags gehen strategische Ziele manchmal unter. Genau hier setzt diese Checkliste an.

Sie ist nicht als Kontrolle gedacht, sondern als Reflexionshilfe. Sie hilft dabei, Potenziale zu erkennen, Strukturen zu hinterfragen und Maßnahmen weiterzuentwickeln. Immer mit dem Ziel, die Qualität der Ausbildung im Unternehmen nachhaltig zu sichern und zu steigern.

Denn: Strategische Personalentwicklung ist kein einmaliges Projekt, sie ist ein kontinuierlicher Prozess. Und diese Checkliste ist dein roter Faden dabei.

1. Ausgangslage analysieren

Gibt es eine definierte Personalentwicklungsstrategie für Auszubildende?

Sind alle relevanten Maßnahmen im Unternehmen sichtbar und dokumentiert?

Gibt es ein gemeinsames Verständnis der Ausbildungsziele innerhalb der Organisation?

2. Strukturen und Maßnahmen prüfen

Sind Anforderungsprofile und Auswahlverfahren aktuell und sinnvoll gestaltet?

Werden Einarbeitungs- und Ausbildungspläne regelmäßig überarbeitet?

Existieren strukturierte Feedback- und Beurteilungsgespräche?

Gibt es zielgerichtete Weiterbildungsangebote für Azubis (intern/extern)?

Sind Coaching- oder Mentoringprogramme etabliert oder geplant?

3. Erfolgskontrolle sicherstellen

Wird der Erfolg von Maßnahmen systematisch evaluiert (z. B. mit Modellen oder Umfragen)?

Werden Kennzahlen wie Übernahmequote, Lernfortschritt oder Zufriedenheit regelmäßig erfasst?

Gibt es eine Feedbackkultur auf Augenhöhe mit den Auszubildenden?

4. Kommunikation und Kultur stärken

Finden regelmäßig offene Gespräche zwischen Azubis und Führungskräften statt?

Werden Ausbildungsthemen in der Gesamtstrategie des Unternehmens sichtbar verankert?

Besteht eine positive, lernfördernde Unternehmenskultur?

5. Kontinuierliche Verbesserung sicherstellen

Werden Umfragen oder Interviews mit Azubis regelmäßig durchgeführt?

Werden Maßnahmen regelmäßig angepasst und weiterentwickelt?

Gibt es Formate für den Erfahrungsaustausch zwischen Ausbildungsverantwortlichen?

Diese Checkliste eignet sich auch als Basis für einen Qualitätszirkel, zur Selbsteinschätzung im Ausbildungsteam oder zur Vorbereitung auf interne Audits oder Zertifizierungen.

6.2. Ausblick auf weitere Forschungsmaßnahmen

Die in der Umfrage des Industriebetriebes abgefragten möglichen Bedürfnisse von Auszubildenden im Personalentwicklungsbereich schaffen einen Anreiz für innovative Ansätze in der Fähigkeits- und Kompetenzbildung dieser jungen Generation. Eine Weiterführung dieser Arbeit könnte sich mit der Theorie des Lernens in der heutigen Ausbildungswelt befassen. Zudem könnten heutige notwendige Grundfähigkeiten und Kompetenzen der jungen Generation erforscht werden, um herauszufinden, wo und welche Lernangebote die Leistungen und das Verhalten verbessern.

Aufgrund meiner Funktion und der Gründung eines eigenen Unternehmens habe ich mich intensiv mit den notwenigen Fähigkeiten und Kompetenzen der jungen Generation befasst. Ich bin mir sicher, dass die junge Generation durch die digitale

Welt eine verringerte Aufmerksamkeitsspanne trainiert, sich über Stunden in dieser Welt verliert und dadurch schlechte Gewohnheiten etabliert. Hier ist also ebenso ein Forschungsansatz im Hinblick auf die Zukunft der Konzentrations- und Aufnahmefähigkeit möglich und im Hinblick auf die Zusammenstellung von Lernangeboten sinnvoll.

Des Weiteren sind die Themen Digitalisierungsstrategien und Agilität im Ausbildungsbereich auch besonders die Verbindung einer Betrachtung wert. Studien der Deutschen Gesellschaft für Personalführung (DGFP) zeigen, dass die praktische Umsetzung von Digitalisierungsstrategien oft noch hinter den technologischen Möglichkeiten zurückbleibt. Unternehmen ersetzen klassische Trainings durch Online Live-Trainings, doch der ganzheitliche, strategische Umgang mit Digitalisierung wird vielerorts noch zögerlich angegangen.

Parallel dazu gewinnt das Konzept der Agilität an Bedeutung. Ursprünglich aus der Softwareentwicklung stammend, wird Agilität heute als essenzielles Organisationsprinzip angesehen, um in einer zunehmend komplexen und unsicheren Umwelt erfolgreich zu bestehen. Agilität in der Personalentwicklung bedeutet, schnell auf neue Anforderungen reagieren zu können, Lernprozesse flexibel zu gestalten und die Selbststeuerung sowie Eigenverantwortung von Mitarbeitenden zu fördern.

Die Verknüpfung beider Themenfelder eröffnet sicherlich Potenziale für Unternehmen. Gleichzeitig stellt sie hohe Anforderungen an das Personalmanagement, an Führungskräfte und an die Unternehmenskultur insgesamt.

Gerade deshalb sind nähere Betrachtungen und die wissenschaftliche Erforschung dieser Themen sinnvoll. Es reicht nicht, auf Trends zu reagieren, sondern die eigene

Personalentwicklung aktiv weiterzuentwickeln. Eine kritische Auseinandersetzung hilft, Chancen und Grenzen beider Konzepte realistisch einzuschätzen, Umsetzungshürden frühzeitig zu erkennen und nachhaltige Strategien zu entwickeln.

Kapitel 7: Fazit

„Ausbildung ist wie Gärtnern – wer nur gießt, aber nie zuhört, warum's nicht wächst, wird kein Blühen erleben.“

Diese wissenschaftliche Arbeit hat durch die Praxisnähe bereits zu einem Mehrwert geführt. Allein die Beschäftigung mit der wissenschaftlichen Theorie und die Erhebung von Daten im Rahmen einer vorher nie stattgefunden Umfrage zu diesem Thema, haben zu Transparenz und Verbesserungspotenzial geführt.

Die Komplexität des behandelten Themas ist erstmals bewusst geworden, als die Ausarbeitung in der Tiefe der wissenschaftlichen Literaturen bereits weitere Unterthemen aufgetan hat. Die Schwierigkeit war es somit Unterthemen anzureisen und dabei nicht in die Situation zu kommen sich in den Themen zu verlieren oder das Risiko einzugehen sie weg zu lassen.

Die wissenschaftliche Arbeit hat ergeben, dass eine erfolgreiche Personalentwicklung von Auszubildenden, von der ständigen Qualitätskontrolle der bestehenden Maßnahmen und neuen geeigneten Maßnahmen abhängig ist. Die Unternehmensverantwortlichen sollten sich mit der Thematik inhaltlich befassen, um mögliche Chancen in der Einführung oder Veränderung von Maßnahmen zu nutzen. Allein die Untersuchung des Themas „Personalentwicklung von Auszubildenden" kann unberücksichtigte Möglichkeiten hervorbringen, die es zu erproben gilt.

Bei der Umsetzung von einer ganzheitlichen Personalentwicklungsstrategie oder einzelnen Personalentwicklungsmaßnahmen ist es wichtig die Organisation an der Veränderung zu beteiligen, die richtigen Messwerkzeuge für Personalentwicklungsmaßnahmen zu nutzen und Maßnahmen auszutesten, sowie ständig zu hinterfragen. Die Herausforderungen und Risiken begrenzen sich auf die sorgfältige Planung und Organisation von geeigneten Analysen zur Ermittlung des Personalentwicklungsbedarfs, die gut einschätzbaren personellen Ressourcen, sowie mögliche zusätzliche Kosten für Maßnahmen und den Gegenwind von Ausbildern. Aufgrund der Wichtigkeit des Themas sind dies alles hinzunehmende und gut einschätzbare Herausforderungen und Risiken.

Unternehmen können Personalentwicklungsmaßnahmen mit verschiedenen Modellen messen, die möglichen Methoden sind Kennzahlen, das Kirkpatrick-Modell oder auch die Durchführung von regelmäßigen Umfragen in der Ausbildungsorganisation.

Die Arbeit konnte alle vorliegenden Forschungsfragen beantworten und ebnete den Weg für weitere und tiefere Forschungsansätze im Bereich Personalentwicklung von Auszubildenden.

Was Ausbildung wirklich bedeutet

Wenn ich auf diese Arbeit zurückblicke, denke ich nicht zuerst an Kapitel, Konzepte oder Theorien. Ich denke an die Menschen, mit denen ich arbeiten durfte und freue mich über die praktische Betrachtung. Wir dürfen täglich junge Talente begleiten, die oft mit Unsicherheit gestartet sind, neugierig sind und manchmal auch kritisch.

Für mich ist Ausbildung mehr als ein organisatorischer Prozess oder ein Pflichtprogramm. Es geht nicht nur darum, Wissen zu vermitteln. Ausbildung heißt, Menschen zu befähigen, Vertrauen in sich selbst zu finden. Aus einem „Ich weiß nicht, ob ich das kann" wird mit der Zeit ein „Ich traue mir das zu" – und genau das ist der Moment, für den sich jede Mühe lohnt.

Ich wünsche mir, dass die Erkenntnisse und Impulse aus dieser Lektüre nicht nur gelesen, sondern im Ausbildungsalltag genutzt werden. Dass wir in der Personalentwicklung den Mut behalten, neue Wege auszuprobieren. Dass wir den jungen Menschen nicht nur Wissen mitgeben, sondern auch Echtes zutrauen in ihre eigene Entwicklung.

Wer heute in Ausbildung investiert, schafft nicht nur berufliche Perspektiven. Er schafft Zukunft. Entwicklung. Verantwortung.

Danke, dass du dich mit diesem Thema auseinandersetzt und dass du mit deiner Arbeit einen Unterschied machst.

Jan Achnitz
„Aus Leidenschaft für die Bildung."

Literaturverzeichnis

Bechtel, P; Friedrich, D; Kerres, A. (2017). Mitarbeitermotivation ist lernbar: Mitarbeiter im Gesundheitseinrichtungen motivieren, führen, coachen (2. Auflg.). Berlin: Springer Verlag

Beermann, S; Schubach, M. (2013). Workshops: Vorbereiten, durchführen, nachbereiten (2. Auflg.). Freiburg: HaufeLexware Abgerufen am 18.01.2024 von https://books.google.de/books?hl=de&lr=&id=w_Ix6WmgSg8C &oi=fnd&pg=PP1&dq=workshops+als+methode&ots=KeZR4_rlE &sig=gOphO4YiNKJNz2V_1dqrd0gHsg#v=onepage&q&f=false

Bertelsmann Stiftung (2009). Berufsausbildung 2015 Ein Leitbild. Bertelsmann Stiftung. Abgerufen am 19.01.2024 von https://www.bertelsmannstiftung.de/fileadmin/files/BSt/Publik ationen/GrauePublikationen/LL_BB2015Leitbild.pdf

Beinicke, A; Bipp, T. (2022). Strategische Personalentwicklung: Psychologische, pädagogische und betriebswirtschaftliche Kernthemen (2. Auflg.). Berlin: SpringerVerlag

Birgmeier, B. (2009). Coachingwissen: Denn sie wissen nicht, was sie tun? – Wiesbaden: Verlag für Sozialwissenschaften

Bosch, G. (2018). Die duale Berufsausbildung das Geheimnis der deutschen Wettbewerbsfähigkeit. IAQReport. Abegrufen am 15.01.2024 von https://doi.org/10.17185/duepublico/48356

Brenner, D. (2020). Onboarding: Als Führungskraft neue Mitarbeiter erfolgreich einarbeiten und integrieren (2. Aufl.) Wiesbaden : Springer Fachmedien Wiesbaden

Brenner, D; Brenner, F. (2009). Einstellungstests sicher bestehen (3. Aufl.) Freiburg: Rudolf Haufe Verlag

Freese, C. (2013). Die Kombination von Employer Branding, Organisations und Personalentwicklung als Antwort auf den „War for Talents" Abgerufen am 22. Januar 2024 von https://link.springer.com/article/10.1365/s3576401303584

Frodl, A. (2020). Professionelle Ausbildung in Gesundheitsberufen: Gewinnung, Schulung und Betreuung von Auszubildenden, Wiesbaden: Springer Fachmedien

 Gelleri, P; Winter, C (2010). Potenziale der Personalpsychologie. Göttingen: Hogrefe Verlag. Abgerufen am 22. Januar 2024 von

https://books.google.de/books?hl=de&lr=&id=CKKbEAAAQBAJ&oi=fnd&pg=PA177&dq=Intelligenztest+auszubildende&ots=cRBgQuHLox&sig=ReJj99vq1Hyu4u8_SPIWVj7RxWM#v=onepage&q=Intelligenztest%20auszubildende&f=false

Graf, N; Edelkraut, F. (2013). Mentoring: Das Praxisbuch für Personalverantwortliche und Unternehmer Wiesbaden: Springer Fachmedien

Hess, M; Grund, S; Weiss, W. (2022). Crashkurs Personalentwicklung: Mitarbeitende fördern und binden (3. Auflg.). Freiburg: Haufe Group

Hinrichs, A.C. (2016). Erfolgsfaktoren beruflicher Weiterbildung: Eine Längsschnittstudie zum Lerntransfer. Wiesbaden: Springer Fachmedien

Hoffmann, E. (2018). Personalentwicklung und Controlling: Strategien für den Mittelstand. Wiesbaden: Springer Fachmedien

Holz, M; DaCruz, P. (2007). Demografischer Wandel in Unternehmen: Herausforderung für die strategische Personalplanung. Wiesbaden: Gabler Verlag

Krause, D. (2017). Personalauswahl: Die wichtigsten diagnostischen Verfahren für das Human Resources Management. Wiesbaden: Springer Fachmedien

Krieger, M; Dubsky, A; Hilbert, P. (2020). Weiterbildung im Unternehmen: Strategie, Prozesse, Controlling (2. Auflg.). Wiesbaden: Springer Fachmedien

Pflaum, S; Schwalb, M. (2021). Der Kompass zum digitalen Mentoring & Coaching: Digitale Beratung entwerfen, gestalten und durchführen. Wiesbaden: Springer Fachmedien

Pilotto, L.M. (2021). Blended Learning: Innere Differenzierung in der Erwachsenbildung. Wiesbaden: Springer Fachmedien

Rebeggiani, L; Wilke, C; Wohlmann, M. (2020): Megatrends aus Sicht der Volkswirtschaftslehre, Demografischer Wandel Globalisierung & Umwelt Digitalisierung. Berlin: Springer

Sacco, V. (2022). Personalcontrolling: Personalbezogene Kennzahlen im Management Reporting und externen Reporting, Entwicklung, Systematisierung und Beurteilung. Wiesbaden: Springer Fachmedien

Schank, C. (2011). Die Betriebswahl im dualen System der Berufsausbildung: Eine empirische Analyse aus mittelstandsökonomischer Perspektive, Wiesbaden: Springer Fachmedien1

Wegerich, C. (2015). Strategische Personalentwicklung in der Praxis: Instrumente, Erfolgsmodelle, Checklisten, Praxisbeispiele (3. Auflg.). Berlin: SpringerVerlag

Wien, A; Franzke, N. (2014). Unternehmenskultur: Zielorientierte Unternehmensethik als entscheidender Erfolgsfaktor – Wiesbaden: Springer Fachmedien

Wilk, G. (2022). Stellenbeschreibungen und Anforderungsprofile: Kompetente Unterstützung für erfolgreiche Personalarbeit (3. Auflg.). Freiburg Haufe Group